Veröffentlichungen des Deutschen Vereins für Volks-Hygiene.

Im Auftrage des Zentralvorstandes
in zwanglosen Heften herausgegeben
von
Dr. K. Beerwald, Berlin.

Heft X.

# Die Kunst alt zu werden.

Von

Geh. Medizinalrat Prof. Dr. Ewald,
Berlin.

Erste Auflage.
(Erstes bis zehntes Tausend.)

München und Berlin.
Druck und Verlag von R. Oldenbourg.
1905.

Preis 30 Pfennig.

Von 100 Expl. an 25 Pf. | Von 500 Expl. an 18 Pf.
Von 200 Expl. an 20 Pf. | Von 1000 Expl. an 15 Pf.
Von 2000 Expl. an 12 Pf.

# Herz und Kaffee!

Der Nerven- und Herz-Spezialist Dr. Hans Stoll, Badearzt in Nauheim, sagt in seiner ausgezeichneten populär-wissenschaftlichen Broschüre „Alkohol und Kaffee in ihrer Wirkung auf Herzleiden und nervöse Störungen" wörtlich: —

> „Somit ist Tropenkaffee als Erreger des hohen Blutdrucks „ein Herzschwächer, das im Kaffee enthaltene Koffein als Gift „ein degenerierender Feind des Herzmuskels. Beide Wirkungen „ergänzen einander, um das Herz im Laufe der Jahre zu ver„brauchen. Erwägt man, daß in der guten Gesellschaft während „eines ganzen Lebens das Herz täglich dieselbe Attacke des „Mokkas aushalten muß, so wird die Häufigkeit der Herzkrank„heiten in guten Kreisen erklärlich."

Was folgt daraus? — daß man den regelmäßigen Genuß von Bohnenkaffee meiden muß, wenn man sich ein gesundes, ungeschwächt funktionierendes Herz erhalten will. Man braucht nichts für sein Herz und seine Nerven zu fürchten, wenn man sich an den vollkommen unschädlichen Kathreiners Malzkaffee hält und gewöhnt, der wegen seiner großen hygienischen Vorzüge und seines würzigen kaffeeartigen Wohlgeschmacks, den er durch das patentierte Herstellungsverfahren erhält, von den Ärzten empfohlen und von allen, die ihn schon täglich trinken, als etwas Köstliches für die Gesundheit mit Wohlbehagen empfunden und hoch geschätzt wird. Diese unersetzlichen Eigenschaften des echten „Kathreiner" fehlen allen Nachahmungen. Der echte Kathreiners Malzkaffee — das merke man sich ja genau — wird nur in geschlossenen Paketen verkauft, die das Bild und den Namenszug des Pfarrer Kneipp als Schutzmarke zeigen. Darauf achte man und beginne sogleich mit einem Versuche, der sich fürs ganze Leben lohnen wird.

(10)

# Veröffentlichungen des Deutschen Vereins für Volks-Hygiene.

Im Auftrage des Zentralvorstandes
in zwanglosen Heften herausgegeben
von
Dr. K. Beerwald, Berlin.

Heft X.

# Die Kunst alt zu werden.

Von

Geh. Medizinalrat Prof. Dr. Ewald,
Berlin.

Erste Auflage.
(Erstes bis zehntes Tausend.)

München und Berlin.
Druck und Verlag von R. Oldenbourg.

Wer auf seinem Lebenswege eine längere Strecke zurückgelegt hat und wer als Arzt tiefere Einblicke in das Wohl und Wehe der Menschen tun konnte, als es wohl sonst der Fall ist, der muß sich leider davon überzeugen, daß nur ein recht kleiner Teil der Menschheit mit seinem Lebensgange wirklich zufrieden ist. Die meisten haben zu klagen; viele sehnen ein frühes Ende herbei, das ihnen Erlösung von einem dornenvollen Dasein bringen soll; und mancher wird den tief ernsten Worten des Dichters zustimmen:

Und wäre nicht das Leben kurz, das stets der Mensch vom Menschen erbt,
So gäb's Beklagenswerteres auf dieser weiten Runde nichts!

Aber trotzdem haben wir alle das Bestreben, ein möglichst hohes Alter zu erreichen, und selbst diejenigen Unglücklichen, die unter der Bürde des Lebens einherkeuchen, sind wie die Glücklichen gleich interessiert, das Licht dieser Sonne noch eine Minute länger zu sehen. Wenn mir meine Kranken so häufig sagen, daß sie den Tod herbeiwünschten, so weiß ich im vornherein, daß es ihnen damit in 100 Fällen 99 mal nicht ernst ist.

Wir wollen alle ein hohes Alter erreichen, und wenn wir schon nicht an die Grenze kommen, welche die Schrift dafür angibt, so möchten wir doch wenigstens solange wie möglich von den Gebresten des Alters verschont bleiben und uns im Alter genügende Kräfte des Geistes und des Körpers bewahren, um uns selbst zu erfreuen und unseren Mitmenschen zu nützen. Körperliche Leiden sollen uns so viel als möglich erspart bleiben.

Da fragt es sich dann zunächst: Wann ist man alt?

Ein bekanntes Wort sagt, ein jeder ist so alt, wie er sich fühlt und gibt, und in der Tat finden wir junge Menschen genug, die den Eindruck eines vorzeitigen Greisenalters erwecken, und alte dagegen, die stolz auf ihre Jugendlichkeit sind oder sich doch den Anschein derselben geben möchten. Im allgemeinen pflegt man allerdings den Beginn des Alters um die Sechzig herum anzunehmen und die siebente Dekade, d. h. die Zeit zwischen dem 70. und 80. Jahre, unter gewöhnlichen Umständen als das Höchstmaß desselben zu setzen. Indessen sind doch Fälle bekannt, in denen die Lebensdauer eine weit höhere war. Josua brachte es auf 110 Jahre, Moses angeblich auf 120. In älteren Schriften werden zahlreiche Beispiele hohen Lebensalters erwähnt. So soll 1724 ein Mann in Ungarn 185 Jahre alt gestorben sein. Ein Engländer Jenkins soll 152 Jahre alt geworden sein und sich mit 120 Jahren zum zweitenmal verheiratet haben. Seine Frau versicherte, ihm nie sein Alter angemerkt zu haben! Andere Berichte aus dem 18. Jahrhundert erzählen von Leuten, die bis zu 123, 120, 114 usf. Jahren lebten. Wie weit diese Angaben richtig sind, läßt sich schwer feststellen, obgleich sie durch die Register der Kanzleien und Kirchspiele bezeugt werden. Heutzutage hören wir jedenfalls nichts mehr von derartigen Fällen. Aus den Berichten einer englischen Lebensversicherung wird zitiert, daß 7 Männer und 15 Frauen ein Alter von 100 bis 105 Jahren erreichten, und Personen von über 90 Jahren pflegen immerhin nicht zu den allzu großen Seltenheiten zu gehören. Es sollte also unsere Aufgabe sein, unser Leben zum wenigsten bis an die 80 heranzubringen.

Seit alten Zeiten her haben sich die Schriftsteller teils von philosophischen, teils von medizinischen Gesichtspunkten aus mit der Lösung dieser Aufgabe beschäftigt. Ich will nur an die berühmte Schrift Ciceros „Über das Greisenalter", an die Abhandlung von Jakob Grimm: „Über das Alter" und an das viel zitierte, aber offenbar wenig beherzigte Buch meines Kollegen, des Arztes Hufeland: „Die Makrobiotik oder die Kunst, das menschliche Leben zu verlängern" erinnern, dem sich manche andere — in jüngster Zeit eine Abhandlung des bekannten Londoner Arztes Sir Herrmann Weber — anreihen ließen. Die einen haben die Frage erörtert, ob es überhaupt wünschenswert sei, ein langes Leben zu führen, und die Vorzüge eines grünen Alters, wie die Engländer ein frisches Greisenalter nennen, hervorgehoben. Die andern haben Mittel und Wege gezeigt, dasselbe zu erreichen. Nur mit den letzteren wollen wir uns hier beschäftigen.

Dabei darf es nicht verwundern, daß das Bestreben, das Leben zu verlängern, in früheren Zeiten wunderbare Blüten getrieben hat. Mit Lebenselixieren, mit dem Stein der Weisen, mit astrologischen Lebensregeln und Sterndeuterei verdienten die Charlatane und Schwindler große Summen. Im Altertum und bis in eine nicht zu weit hinter uns liegende Neuzeit galt der Glaube, daß man einen alten, abgelebten Körper durch die nahe Atmosphäre frischer, aufblühender Jugend verjüngen und erhalten könne. Das nannte man die Gerokomie. Selbst noch der große Arzt Boerhave ließ einen alten Amsterdamer Bürgermeister zwischen zwei jungen Leuten schlafen und versicherte, der Alte habe dadurch sichtlich an Munterkeit und Kräften zugenommen! Auch führte man im 17. Jahrhundert die Transfusion, d. h. die Einspritzung von frischem, jungem Blut in die Blutgefäße einer alten Person aus, man wandte den tierischen Magnetismus an, erfand Wunder- und Luftsalzessenzen, einen Tee zum langen Leben, und ein Dr. Graham vertrieb sogar ein »celestial bed«, ein „Himmelsbett“, welches die wunderbare Eigenschaft haben sollte, die darin Liegenden mit neuer Lebenskraft zu durchtränken!

Sehen wir zunächst zu, welche Krankheiten dem Alter drohen. Es gibt eine Anzahl von Erkrankungen, welche ganz unabhängig vom Alter dem menschlichen Leben zu allen Zeiten ein Ziel setzen können. Das sind die sog. Infektionskrankheiten, sodann alle plötzlichen Unglücksfälle, schwere Verletzungen, Vergiftungen u. dgl. m. Hierher dürften auch die Neubildungen im Körper, die krebsartigen und ähnlichen Geschwülste, zu rechnen sein, wenn sie auch erfahrungsgemäß den Menschen erst im mittleren, vorwiegend im höheren Lebensalter zu befallen pflegen. Gegen solche Vorkommnisse sind wir direkt machtlos und können höchstens hoffen, ihnen auf indirektem Wege durch Kräftigung unseres Organismus zu begegnen. Fassen wir aber diejenigen Erkrankungen ins Auge, welche als eigentliche Erkrankungen des Alters dem Dasein gefährlich werden, so müssen wir in erste Reihe die Erkrankungen des Herzens und der Gefäße, mit einem Worte des Zirkulationsapparates, stellen. Ihnen schließen sich die Erkrankungen der Luftwege und, von ihnen mehr oder weniger abhängig, die Erkrankungen des Gehirns und Nervensystems, der großen drüsigen Organe, wie der Nieren und der Leber, und die sog. konstitutionellen Krankheiten, wie die Gicht, die Zuckerkrankheit, die eigentliche Altersschwäche und ähnliche an.

Nun ist es keine Frage, daß wir, was die Disposition zu diesen Erkrankungen betrifft, eine nicht geringe Mitgift von unseren Eltern auf unseren Lebensweg mitnehmen, mit anderen

Worten, daß die Erblichkeit dabei eine verhängnisvolle Rolle spielt. Personen, die aus langlebigen Familien stammen, haben größere Aussichten, selbst alt zu werden, als ihre durch Vererbung weniger günstig gestellten Mitmenschen. Indessen soll man keineswegs glauben, eine solche vererbte Anlage sei nicht zu beeinflussen und sich, wie dies eine weit verbreitete Strömung heutzutage glauben machen möchte, als willenlosen Spielball eben dieser ererbten Anlagen betrachten. Wie wir bei Tieren und Pflanzen gewisse erbliche Abarten züchten können, so können wir auch bei Menschen erbliche Anlagen zu einem langen Leben oder zu einem frühzeitigen Tode herbeiführen bzw. die ererbten Anlagen erhalten oder bessern. Aber nichts wäre verkehrter, als wenn ich mich, weil mein Vater oder meine Mutter früh gestorben ist, einem bedauernswerten Aberglauben hingeben und das Vertrauen auf die eigene Kraft und an das Sprichwort: „Wer sich selbst hilft, dem hilft Gott" verlieren wollte!

Naturgemäß fängt die Sorge um das Alter mit dem ersten Schrei an, den das Kind tut. Eine in körperlicher und geistiger Beziehung verständige Erziehung kann außerordentlich viel dazu beitragen, die Kräfte des Menschen zu entwickeln und ihn widerstandsfähig gegen die zahlreichen Schäden akuter und chronischer Art zu machen, die ihm auf seinem Lebensweg begegnen werden. Dahin gehört die richtige Ernährung und Körperpflege, die die goldene Mittelstraße zwischen Verzärtelung und Verweichlichung einerseits und übertriebenen Kraftleistungen anderseits einhält. Dahin gehört aber auch eine geistige Erziehung, die das junge Gemüt bildet und veredelt, ohne daß diese Bildung auf Kosten der Gesundheit erlangt wird. Hier hat die Schule, welche sich den hygienischen Forderungen, Gott sei Dank, mehr und mehr anzupassen bequemt, eine hohe Aufgabe zu erfüllen und einer schweren Verantwortung gerecht zu werden.

Nun liegt es freilich nahe, zu sagen, daß es zahlreiche alte Leute gibt, die ohne besondere Sorgfalt in ihrer Lebensführung doch ein hohes Alter erreichten. Wozu soll man sich also, wird mancher fragen, mit besonderen Maßregeln plagen, die für viele nur dazu dienen, ihnen das Leben langweilig und unerfreulich zu machen? Indessen ist darauf zu erwidern, daß jene altgewordenen Leute doch nur Ausnahmen sind, und daß eine unendliche Anzahl ihrer Mitmenschen aller Wahrscheinlichkeit nach es zu einer längeren Lebensdauer gebracht hätte oder bringen würde, wie sie es tatsächlich tun, wenn sie sich eben in ihrem Leben nach gewissen, übrigens nicht so überaus schwer zu erfüllenden Regeln gerichtet hätten.

Letztere liegen auf körperlichem und seelischem Gebiet.

An erster Stelle steht, was die Körperführung betrifft, die Sorge für eine gewisse, den jeweiligen Verhältnissen angepaßte körperliche Arbeitsleistung. Durch dieselbe wird der Stoffwechsel gesteigert, die Lüftung der Lungen ausgiebiger, die Bewegung des Blutes innerhalb der Blutgefäße vermehrt und damit die Ernährung der einzelnen Organe verbessert, indem ihnen sowohl eine größere Menge von Nährmaterial zugetragen wird, als auch die verbrauchten Schlacken schneller ihren Abfluß finden. Dies gilt ganz besonders für das Herz- und Gefäßsystem und leistet infolgedessen der von uns vorhin aufgestellten Forderung, in erster Linie den Zirkulationsapparat zu erhalten, Genüge. Denn die Blutgefäße verteilen nicht nur wie die Tonröhren eines Kanalsystems die ernährende Blutflüssigkeit an alle Teile des Körpers, sondern sie unterscheiden sich von besagten Tonröhren dadurch, daß sie nicht eine tote Masse, sondern lebendiges Gewebe sind, welches selbst der Ernährung bedarf. Je mehr Blut durch sie hindurchfließt, desto mehr wird noch von dem im Blut enthaltenen Nährstoff mit der Wand des Blutgefäßes in Berührung kommen, desto besser wird die Ernährung der Blutgefäßwandungen sein können. Die gesundhafte Beschaffenheit der Blutgefäße ermöglicht aber wieder die gesunde Ernährung und damit die richtige Leistungsfähigkeit aller von den Blutgefäßen mit Blut versorgten Körperbezirke. Es besteht also eine gegenseitige Wechselwirkung, die nur zum Schaden beider Teile einseitig gestört werden kann. Daß diese Mahnung vornehmlich diejenigen Personen angeht, welche im allgemeinen eine sitzende Lebensweise führen, bedarf nicht erst des besonderen Hinweises.[1])

Im engen Anschluß hieran stehen die übrigen, unter dem allgemeinen Begriff der körperlichen Hygiene zusammenzufassenden Maßnahmen: die Sorge für eine ausgiebige Hautpflege durch tägliches Waschen des ganzen Körpers (nicht bloß der oberen Körperhälfte!) resp. Bäder, die Sorge für gute Luft in den Zimmern, für gymnastische und sportliche Übungen usf. Es ist eine Folge des Alters, daß sich die Körperübungen mit der Zeit in immer leichteren Formen bewegen müssen. Indessen gibt es doch zahlreiche sportliche Betätigungen, die sich auch bis in ein hohes Alter hinein ausführen lassen. Ich rechne hierzu in erster Linie die Zimmergymnastik[2]), größere Spaziergänge, Fußtouren, ev. Reiten und die Jagd; auch das Baden resp. Schwimmen im offenen Wasser oder einer geschlossenen Badeanstalt kann man bis in ein hohes Alter hinein ausdehnen, nur muß man, was

[1]) S. Heft IX. dieser Veröffentlichungen: „Die Hygiene des Herzens" von Geheimrat Prof. Dr. Goldscheider.

[2]) S. Beerwald u. Brauer, Das Turnen im Hause. R. Oldenbourg, München.

das Schwimmen betrifft, sich erstens vor allen größeren Anstrengungen hüten und vor allem zweitens kein krankes Herz haben. Die Fälle, in denen ältere Leute beim Schwimmen plötzlich untersinken, weil sie von einem Schlagfluß im Wasser betroffen werden, kommen nicht so selten vor. Aber das gilt freilich von allen körperlichen Leistungen im Alter, daß sie mit „Maßen" betrieben werden müssen. Für die Zimmergymnastik sind ganz besonders die Tiefatmenübungen zu empfehlen, welche am besten des Morgens nach dem Waschen bzw. Baden unbekleidet vorzunehmen sind und dabei zugleich eine Lüftung des Körpers bewirken. Auch sei bei dieser Gelegenheit ein gutes Wort für die sog. Licht- und Sonnenbäder eingelegt, deren Einfluß auf den Gesamtstoffwechsel und auf die Hautatmung ein äußerst günstiger ist. Leider legen wir bei uns in Deutschland auf unsere körperliche Pflege vielfach ein viel zu geringes Gewicht. Man sollte wenigstens alle acht Tage einen Tag in der freien Luft zubringen und zu mehrstündigen Spaziergängen ohne Rücksicht auf das Wetter verwenden. „Es gibt kein schlechtes Wetter, es gibt nur eine unpassende Kleidung!" Der Körper wird in dem Maße abgehärtet und widerstandsfähiger gegen die Einflüsse der Witterung, als man derselben Trotz bietet. Erkältungskrankheiten lassen sich dadurch am besten vermeiden. Damit soll nicht gesagt sein, daß man sich im Sommer rücksichtslos durchnässen und im Winter in Leinewand gehen soll. Der Körper bedarf eines gewissen Schutzes gegen die Einflüsse der Außentemperatur, zwischen der Haut und der äußeren Luft muß eine bestimmte Wärmeschicht sein, die durch die Kleidung ermöglicht wird. Aber die Sorge hierfür ist keine Verweichlichung, sondern ein Mittel der Erhaltung, welches mit der Abhärtung gegen klimatische Einflüsse nichts zu tun hat.

Jedem, der nach England kommt, wird die große Anzahl älterer, überaus frisch und kräftig aussehender Personen auffallen, sicherlich eine Folge der unter dieser Nation seit Jahrhunderten so sehr viel besser wie anderwärts entwickelten Körperpflege.

Ein sehr wichtiges Kapitel für die Erhaltung des Lebens ist die Ernährung, unter der wir sowohl die eigentlichen Nahrungsmittel als auch die sog. Genußmittel zusammenfassen. Was zunächst die Ernährung im engeren Sinne betrifft, so klingt es banal, die alte Wahrheit auszusprechen, daß Mäßigkeit im Essen und Trinken die Gesundheit fördert und damit ein hohes Alter begünstigt. Aber über die notwendige Menge von Nahrung, die der Mensch namentlich in vorgerückteren Jahren braucht, herrscht meist eine ganz falsche Vorstellung, die darin gipfelt: je mehr Essen, desto besser. Das ist, zumal was die Eiweißnahrung und speziell Fleischnahrung anbetrifft, sicherlich nicht richtig. Schon an und für sich bringen große Mengen Fleischnahrung den Nachteil mit sich, daß in dem Fleisch gewisse Stoffe enthalten sind, die sog. Extraktivstoffe und die Kalisalze, welche auf die Dauer eine schädigende Wirkung auf das Herz und wahrscheinlich auch auf die Wand der Blutgefäße ausüben. Es kommt dann, ob direkt oder indirekt, bleibe dahingestellt, in Verbindung mit anderen Schädlichkeiten frühzeitig zu einer Starre der Gefäßwand durch Ablagerung von Kalksalzen in derselben und damit zu Kreislaufsstörungen, zu einer schlechten Ernährung der einzelnen Körperteile. Gelegentlich zerreißt die brüchige Gefäßwand. Tritt ein solches Ereignis in den kleinen Gehirngefäßen auf, so ergießt sich das Blut in die Gehirnsubstanz und ruft den Zustand hervor, den wir als Schlagfluß oder Apoplexie bezeichnen. Es darf wohl behauptet werden, daß der Durchschnitt der besser gestellten Bevölkerung, wenigstens in den nordischen Ländern, im allgemeinen zu viel Fleisch ißt und die Menge desselben mit entschiedenem Vorteil für seinen Geldbeutel und seine Gesundheit erheblich verringern könnte. Das lehrt uns das Beispiel der Vegetarianer, die ja nicht nur den Fleischverbrauch ganz abstellen, sondern auch die Eiweißmenge der Nahrung sehr erheblich beschränken. Ich habe zwei Vegetarianer beobachtet, die an Stelle von 118 g Eiweiß, welche bisher als Mindestmaß der für die Ernährung eines erwachsenen Menschen notwendigen täglichen Eiweißmenge angesehen worden, nur 43 resp. 30 g Eiweiß zu sich nahmen und sich ganz kräftig dabei fühlten. Nun ist es nicht jedermanns Sache, Vegetarianer zu sein, ja die Meisten von uns sind dazu nicht imstande, weil ihr Organismus die dabei nötige einseitige Verdauungsarbeit nicht leisten kann. Aber auch ohne eine ausschließliche Pflanzenkost zu genießen, kann man, wie neuere Versuche von Chitterler ergeben haben, mit einem viel geringeren Eiweißgehalt der gemischten, d. h. aus Fleisch (Eier) und Vegetabilien bestehenden Nahrung auf die Dauer auskommen. Seine Versuchspersonen führten jede körperliche Leistung, selbst starke sportliche Anstrengungen aus, obgleich sie durch fast zwei Jahre weniger wie die Hälfte des früher von ihnen genossenen Eiweißes (Fleisch) zu sich nahmen. Die für die Erhaltung des Körpers notwendige Menge sog. Brennwerte (Kalorien) läßt sich neben einer gewissen Menge von Fleisch, sagen wir rund 125 g pro Tag als Minimum, ohne Nachteil, ja zum Vorteil der Gesundheit aus Gemüse, Obst und vor allem der Milch und den Molkereiprodukten (Rahm, Käse, Magermilch, Butter) entnehmen.

Es kommt aber bei älteren Leuten noch ein besonderer Umstand hinzu, der sie von allzu reichlicher Fleischnahrung abhalten sollte. Das sind die Altersveränderungen, die sich in den Kauwerkzeugen und in dem Verdauungskanal mit der Zeit einstellen. Was die ersteren betrifft, so sind wir freilich unseren Vorfahren gegenüber durch die Fortschritte der Zahntechnik in einer erheblich besseren Lage. Mehr und mehr begreift man, daß die Zähne von Kind auf gepflegt, daß die verlorenen ersetzt werden müssen. Immer weitere Kreise lassen sich eine gute Zahnpflege angelegen sein. Während wir früher in unserer ärztlichen Tätigkeit bei den weniger bemittelten Klassen nur selten Personen mit künstlichen Zahneinsätzen sahen, ist dies heute ungleich viel häufiger der Fall, und die Kunst des Zahnarztes kommt auch den Unbemittelten zugute. Zahnlose alte Leute gibt es nicht mehr oder sollte es nicht mehr geben, und mit der Erhaltung des Gebisses ist eine der wichtigsten Vorbedingungen für die gute Verdauung, nämlich die ausgiebige Zerkleinerung der Speisen gewährleistet. Aber die mit den Jahren sich bemerklich machende geringere Leistungsfähigkeit der Magen- und Darmschleimhaut können wir nicht künstlich ersetzen, und diese ist es, welche ganz besonders für die Verarbeitung der Fleischnahrung in Betracht kommt. Nur 5% der Menschen, die über 80 Jahre alt geworden sind, sind gleichzeitig starke Fleischesser gewesen.

Bei uns in Norddeutschland herrscht vielfach die Sitte oder vielmehr Unsitte, womöglich nach 10 oder gar 11 Uhr abends ein an Menge nicht unbedeutendes Abendbrot zu nehmen. Dadurch wird der Magen ungebührlich belastet, der Schlaf gestört, das Wohlbefinden am anderen Morgen vermindert, wenn nicht gar schneller oder langsamer vorübergehende Verdauungsstörungen sich daran anschließen. Das Alter spricht sich auch in der mit den Jahren zunehmenden Trägheit der Därme und der daraus folgenden Stuhlverstopfung aus. Eine wichtige Sorge bleibt es, dieselbe nicht aufkommen zu lassen bzw. nach

Möglichkeit zu beseitigen; denn die Stuhlverstopfung führt nicht nur zu allgemeinem Unbehagen und Verdauungsstörungen verschiedener Art, sondern sie kann unter Umständen bei alten Leuten durch die Ausweitung und Verlagerung der Därme, welche als Folge davon auftreten, geradezu zur Todesursache werden. Auf die zahlreichen, gegen die Darmtätigkeit empfohlenen diätetischen und arzneilichen Mittel einzugehen, ist hier nicht der Ort. Es sei nur bemerkt, daß die vorerwähnten gymnastischen Übungen in Verbindung mit reichlichem Genuß von Obst und Gemüse eine sehr beträchtliche, teils vorbeugende, teils direkt heilende Rolle dabei spielen.

Verkürzt mäßiger Alkoholgenuß das Leben? Soviel ist sicher, daß der Genuß alkoholischer Getränke neben geringem Nutzen der Menschheit im ganzen und großen unendlichen Schaden gebracht hat und noch täglich bringt. Und ferner ist sicher, daß uns das Beispiel der abstinenten Männer und der meisten Frauen — bezeichnenderweise spricht man nicht von „abstinenten Frauen"! — zeigt, daß man sehr gut ohne Alkoholgenuß auskommen kann, wenn ich auch auf der anderen Seite nicht glaube, daß es notwendig ist, um lange zu leben, gänzlich auf den Alkohol zu verzichten. Kleine Mengen Wein oder Bier, ja selbst Schnaps sind für viele Leute nicht nur nicht schädlich, sondern durch die Anregung, die sie auf das Herz und damit auf die Blutzirkulation ausüben, nützlich. Jedermann wird an sich selbst den belebenden Einfluß derselben erfahren haben, und die Tatsache, daß ein Nahrungs- oder Genußmittel, im Übermaß genossen, den Organismus schwer zu schädigen vermag, kann doch nicht seine absolute Streichung rechtfertigen. Dann dürften wir auch keinen Kaffee, Tee u. v. a. zu uns nehmen. Da aber das kindliche und das kranke Nervensystem, wie

Versuche und Erfahrungen gelehrt haben, für die nachteiligen Wirkungen des Alkohols unendlich viel empfänglicher sind wie gesunde Erwachsene, so sollten Kinder unter 15 Jahren überhaupt keinen Alkohol in keiner Form und bei keiner Gelegenheit erhalten. Ziehen sagt, es ist geradezu ein Verbrechen, wenn Kindern täglich ein bestimmtes Quantum Alkohol verabreicht wird. Das Gleiche gilt von Nervenkranken resp. dazu veranlagten Individuen. Aber leider ist der Begriff der Mäßigkeit ein höchst schwankender, und viele Menschen wissen dabei keine Grenze zu finden. Ich spreche hier nicht sowohl von den eigentlichen Säufern, die so große Mengen zu sich nehmen, daß sich die zerstörenden Einflüsse des Alkohols ohne weiteres augenblicklich bemerkbar machen, als vielmehr von denjenigen Personen, die täglich gewohnheitsmäßig erhebliche Quantitäten von Spirituosen genießen, ohne dadurch geradezu betrunken zu werden, also denjenigen, die, wie man sagt, viel vertragen können. Das ist gerade das Unglück für diese Leute! Ein solcher chronischer Alkoholgenuß schädigt die Blutgefäße, das Gehirn und die Nerven, vermindert die Widerstandsfähigkeit des Organismus und führt zu einer Herabsetzung der geistigen Energie, der Beurteilungs- und Dispositionsfähigkeit, der Schlagfertigkeit und Fruchtbarkeit des Denkens, die sich auf die Dauer in schwerwiegender Weise bemerklich macht. Anatomisch kann man diese Entartung direkt an einer Veränderung der charakteristischen Zellen des Gehirns, der sog. Ganglienzellen, nachweisen, welche ihr gesundes Ansehen verlieren und undeutlich werden, so daß sie kaum noch zu erkennen sind. Wir haben also auch hier wieder ein Moment, welches das Gehirn und seine Gefäße schädigt und der Erreichung eines hohen und frischen Alters entgegenwirkt. Die Natur hat übrigens selbst schon dafür gesorgt, daß die Menschen im Alter mäßiger werden. Wer eine gewisse Altersgrenze überschritten hat, verliert in der Regel die Lust am Pokulieren. Personen, welche erblich mit Gefäßkrankheiten belastet sind, müssen ganz besonders vorsichtig dem Alkoholgenuß gegenüber sein, weil derselbe so leicht eine Steigerung des Blutdrucks zur Folge hat, die zu einer Zerreißung kleiner, bereits erkrankter Hirngefäße führen kann, d. h. einen Schlagfluß verursacht.

Was ist nun eine mäßige und die Gesundheit nicht weiter schädigende Menge Alkohol? Darüber sind sehr interessante Experimente gemacht worden, bei denen man die sog. Reaktionszeit und Assoziationszeit sowie die Muskelermüdbarkeit mit Hilfe des Dynamometers (Kraftmessers) gemessen hat. Bei den erstgenannten Versuchen wird die Zeit bestimmt, welche vergeht zwischen einem Befehl und seiner Ausführung, wobei es sich um mechanische oder geistige Vornahmen handeln kann, z. B. das Niederdrücken einer Taste auf das Signal „Jetzt" oder die Prüfung, wie viel Zahlen in einer bestimmten Zeit, sagen wir 5 Minuten, addiert werden können. Die Muskelermüdbarkeit wird mit Hilfe eines eliptischen Stahlreifens geprüft, den die Versuchsperson in die Hand nehmen und möglichst energisch zusammendrücken muß. Der Grad der Zusammendrückbarkeit wird direkt am Instrument abgelesen und gibt das Maß der muskulären Leistungsfähigkeit. Dabei hat sich gezeigt, daß nach dem Genuß von 25 g Alkohol in 10facher Wassermenge zunächst fast auf allen Gebieten der seelischen Tätigkeit eine leichte Beschleunigung, dann aber eine zunehmende und schließlich sehr erhebliche und erst nach einigen Stunden verschwindende Verlangsamung eintritt. Steigt die Dosis über 45 bis 60 g, so läßt sich das erste Stadium kaum mehr nachweisen. Rechnet man diese Quanten auf unseren gewöhnlichen Weißwein (10%)

oder Bier (3,5%) um, so würde sich als höchste Dosis etwa $^3/_{10}$ bis $^4/_{10}$ l Wein oder 1 l Bier als tägliche Menge ergeben. Das Bier hat vor dem Wein die größere Verdünnung des Alkohols und seinen Reichtum an Nährstoffen, besonders Zucker und Dextrinen, voraus, aber der regelmäßige starke Biergenuß führt sehr häufig zu Herz- und Gefäßveränderungen und zu übermäßigem Fettansatz sowie zu einer abnormen Belastung der Nieren — alles Momente, die der Erreichung eines höheren Alters nicht günstig sind.

Um Ihnen aber noch ein Bild von den schrecklichen Folgen des chronischen Alkoholismus auf die Nachkommenschaft zu geben, will ich anführen, daß Pelman die Familie eines 1740 geborenen Trinkers genau verfolgt hat. Von 834 Nachkommen konnte über 709 Näheres ermittelt werden. Darunter befanden sich 181 Prostituierte, 142 Bettler, 76 Verbrecher, unter diesen 7 Mörder!

Ziehen glaubt nach statistischen Erhebungen, daß auf 5 Geisteskranke in Deutschland, direkt oder indirekt, 1 kommt, für dessen Geistesstörung die Trunksucht verantwortlich ist.

Die Sorge eines schädlichen Einflusses auf das Nervensystem besteht auch gegenüber den im Vergleiche zum Alkohol viel harmloseren Getränken, dem Tee und dem Kaffee. Besonders der letztere hat durch das in ihm enthaltene Koffein eine blutdrucksteigernde Wirkung. Starker Kaffee oder Tee sollte deshalb von älteren Leuten ganz vermieden, von jüngeren nur in mäßigen Mengen genommen werden, was um so eher möglich ist, als die heutigen aromatischen Malzkaffees wohl als Ersatz für Bohnenkaffee gelten können. Die Schlaflosigkeit, welche eine starke Tasse Kaffee, am Abend genommen, zur Folge hat, ist ja auch auf die vermehrte Blutzufuhr zum Gehirn zu beziehen.

Ob es wahr ist, daß Tee und Kaffee verlangsamend auf die Magenabsonderung wirken und so die Verdauung stören, bedarf erst noch einer speziellen Untersuchung. Bekannt ist, daß im Gegenteil die weitverbreitete Meinung herrscht, daß eine Tasse Kaffee, nach dem Essen genommen, die Verdauung unterstützt.

Ähnliches wie von den genannten Genußmitteln gilt vom Tabak. Auch hier ist das Übermaß zweifellos schädlich; aber gerade hier ist die Empfindlichkeit der einzelnen Personen überaus verschieden. Für viele Menschen ist der Tabak, mit Maß genommen, ein Mittel, die nervöse Reizbarkeit zu beruhigen und sorgenvolle Stunden zu verscheuchen. Mancher raucht ohne Schaden für seine Gesundheit bis in sein hohes Alter täglich den schwersten Tabak. Andere, sowohl starke als auch mäßige Raucher, leiden frühzeitig an Hals- und Rachenkatarrhen, an Verdauungsbeschwerden, an Erscheinungen von nervöser Störung der Herztätigkeit; ja selbst Blindheit, die sog. Tabaksamblyopie, tritt gelegentlich ein. Es sollte also der Tabak von Personen mit Disposition zu Herz- oder Nervenkrankheiten von vorneherein gemieden oder wenigstens stark beschränkt werden. Manche Menschen haben auch in ihrem Magen eine Art Warnungssignal gegen den Tabak, indem sie dieselbe Erfahrung machen wie die Knaben, wenn sie ihre ersten heimlichen Zigarren rauchen, d. h. daß es ihnen bei Übertreibung des Rauchens grundschlecht wird.

Sehr wichtig und von allen Schriftstellern gleichmäßig hervorgehoben ist der Einfluß, welchen ein unmäßiger Geschlechtsverkehr auf die Schwächung des Körpers und damit auf einen vorzeitigen Tod ausübt. Ich will auch diesen Punkt nur streifen, zumal sich absolute Bestimmungen über das Mehr oder Weniger schwer treffen lassen. Der eine kann seinem

Körper in dieser Hinsicht mehr, der andere weniger zumuten, aber Ausschweifungen jeder Art sind selbstverständlich unter allen Umständen vom Übel. Eine Warnung sollte das körperliche Ermüdungsgefühl und das geistige Unbehagen, der moralische Katzenjammer, abgeben, welche nach übermäßiger Ausübung des Geschlechtsaktes bei allen nicht krankhaft veranlagten Menschen eintreten. Jede unnatürliche Befriedigung des Geschlechtstriebes muß durchaus vermieden werden; denn eine krankhafte Überreizung des Nervensystems mit ihren schädlichen Begleiterscheinungen, zu denen in vielen Fällen auch die sog. Neurasthenie gehört, ist die Folge davon. Es sei auch besonders hervorgehoben, daß diese Mahnungen nicht nur die Unverheirateten sondern auch die Ehegatten angehen. Der Arzt weiß, was ihm zuweilen in diesen Dingen über das eheliche Leben gebeichtet wird! Besonders sollten alte oder ältere Männer, so ungalant dies klingt, keine jungen Frauen heiraten! Die Erfahrung hat gezeigt, daß damit häufig ein schneller Verbrauch der Körperkräfte, Siechtum und vorzeitiger Tod verbunden ist. Nachdrücklichst ist aber noch auf den schweren Schaden hinzuweisen, den die Geschlechtskrankheiten mit sich bringen. Derselbe ist um so schwerwiegender, als sich die Folgen dieser Krankheiten häufig erst in höherem Alter bemerkbar machen, nachdem sie jahrelang im Körper geschlummert haben. Scheinbar bei ihrem ersten Auftreten geheilt, brechen sie dann plötzlich nach Jahren und Jahrzehnten wieder hervor. Glücklich der, bei dem sich dann eine akute, meist schnell zum Tode führende Affektion einstellt, während leider viele andere einem jahrelangen Siechtum mit Schwinden der körperlichen und geistigen Kräfte verfallen. Es ist nicht genug anzuerkennen, daß die Deutsche Gesellschaft zur Bekämpfung der Geschlechtskrankheiten gleich unserem Verein für Volkshygiene sich bemüht, nach dieser Richtung hin Aufklärung und eine bessere Vorsorge wie bisher zu schaffen!

Ist es gesund, viel oder wenig zu schlafen? In Laienkreisen herrscht vielfach die Ansicht, daß, je mehr einer schläft, desto besser es für ihn sei. Es wird wohl wenige Menschen geben, die nicht ihrem Schicksal grollen, wenn sie sich des Morgens früh aus süßem Schlummer reißen müssen, und doch ist es Tatsache, daß die meisten alten Menschen sehr wenig schlafen und ihr Leben lang sehr wenig geschlafen haben. Moltke schlief nicht mehr wie sechs Stunden täglich. Ich kenne Personen, die das Ende der siebziger, resp. den Anfang der achtziger Jahre in völliger Frische erreicht haben und diejenigen Tage als besondere rechnen, an denen sie mehr wie fünf Stunden Schlaf in 24 Stunden haben. Nichtsdestoweniger sind sie nach dem wenigen Schlaf frisch und arbeitsfreudig. Emanuel Kant, der nicht nur ein großer Philosoph war, sondern auch sehr gesunde Lebensanschauungen hatte, meinte, daß zuviel Schlaf die Energie lähmt und das Leben verkürzt. Auch ist behauptet worden, daß zu vieles Schlafen zur schlechten Ernährung der Hirngefäße, zur Verminderung der nervösen Spannkräfte und zu frühzeitigem Schwachsinn führe. In der Tat ist der Stoffwechsel, wie zahlreiche Untersuchungen gelehrt haben, im Schlafen träger wie im Wachen, und wir alle wissen, daß zu langes Schlafen bei Tage ein Gefühl der Ermattung und Benommenheit zur Folge hat. Ob der Schlaf vor Mitternacht gesünder ist, wie viele meinen, ist eine unerwiesene Behauptung. Bekanntlich arbeiten die Geistesarbeiter gern bei Nacht und schlafen lange in den Morgen hinein. Die absolute Schlafzeit ist bei der Mehrzahl der Menschen ziemlich gleich, ob sie früh oder spät den Schlaf suchen. Die einen stehen eben später, die andern früher auf. Auch ist das Schlafbedürfnis ein individuelles. Geistig hervorragende Menschen pflegen wenig Schlaf zu bedürfen. Ein Mann, dessen wir an dieser Stelle besonders zu gedenken Veranlassung haben, Virchow, arbeitete regelmäßig bis morgens 3 oder 4 und war doch schon um 9 Uhr in seiner Vorlesung.

„Rast ich, so rost ich", hat schon Martin Luther ausgerufen. Das gilt auch ganz besonders von der geistigen Arbeit. Nichts ist verkehrter wie die Ansicht, daß die geistige Tätigkeit das Leben verzehre, im Gegenteil, sie erhält Körper und Geist frisch, und eine gut geordnete Beschäftigung nutzt ein gesundes Gehirn nicht ab, sondern erhält es. Ein interessantes Experiment des italienischen Forschers Prof. Mosso zeigt uns den Einfluß der geistigen Arbeit auf das Gehirn, d. h. die Blutzufuhr zu demselben. Legt man einen Menschen derart auf einen Wagebalken, daß dieser im Gleichgewicht ruht, also die Füße der Person auf der einen, der Kopf auf der anderen Seite der Wippe sich befinden, und läßt eine geistige Arbeit verrichten, z. B. ein schweres Rechenexempel ausführen, so sinkt das Ende des Wagebalkens, auf dem der Kopf liegt, nach unten zum Beweise, daß eine stärkere Blutzufuhr zum Kopf stattgefunden hat.

Mit Leichtigkeit lassen sich zahlreiche Beispiele von großen Gelehrten, Denkern, Künstlern anführen, die ein sehr hohes Alter erreicht und bis zum letzten Augenblick sich großer, körperlicher und geistiger Frische erfreut haben. Umgekehrt erlebt man nicht selten, daß ältere Männer, welche sich nach emsiger Tätigkeit von ihren Geschäften zurückziehen und, wie man sagt, Rentner werden, ihre wohlverdiente Muße nicht mehr zu genießen imstande sind, weil sich körperliche und geistige Veränderungen, Schwächezustände und Krankheiten bei ihnen ausbilden, deren Zusammenfallen mit dem Aufgeben der Arbeit so deutlich ist, daß ein Zusammenhang zwischen beiden kaum geleugnet werden kann. Ich erinnere nur an die große Klasse der mißvergnügten Pensionäre, der früh verabschiedeten Offiziere, Schullehrer, im Altenteil befindlicher Bauern, zurückgezogener Kaufleute und Beamten, die sich und den Ihrigen das Leben schwer machen. Sie haben Zeit genug, über jedes noch so kleine Leiden zu grübeln, jede Unannehmlichkeit auszuspinnen statt sie abzuschütteln, und es ist keine Frage, daß damit der Entstehung und Ausbildung ernsthafter Krankheiten Vorschub geleistet wird. Erfahren wir doch alle täglich an uns selbst, daß der Zwang zur Arbeit mannigfache Beschwerden und kleinere Leiden nicht aufkommen läßt, und nichts ist wahrer als das große Wort unseres großen Kaisers: „Ich habe keine Zeit, müde zu sein!" Deshalb sollten Personen, welche ihre Facharbeit aufgegeben haben, eine Nebenbeschäftigung treiben, eine sogenannte Liebhaberei, welche für die Abwechslung der geistigen Interessen sorgt, bezw. ein neues Feld derselben eröffnet, und, wenn sie in der Lage sind, die Anregung weiterer Reisen sich verschaffen. Zu solchen Liebhabereien gehört, was das körperliche Gebiet anbetrifft, z. B. die Gartenarbeit, die Bienenzucht, das Sammeln von Insekten, Anlegen von Aquarien u. dgl., während die geistigen Liebhabereien zu mannigfacher Natur sind, als daß sie hier aufgezählt werden könnten.

Ist es aber einmal zur Erkrankung gekommen, so übt zweifellos die Psyche, das geistige Wohl- oder Übelbefinden, einen erheblichen Einfluß darauf aus. Sorge und Hoffnungslosigkeit führen bei vielen Menschen zur größten Niedergeschlagenheit, zur völligen Teilnahmslosigkeit gegen die Umgebung, sie rufen zuerst funktionelle und schließlich organische Leiden hervor, und mancher stirbt in der Tat an gebrochenem Herzen!

Wie übermäßige körperliche Anstrengungen, so können auch seelische Erregungen im Übermaße das Herz schädigen, indem sie nicht bloß nervöse Herzerkrankungen, sondern auch wirkliche krankhafte Veränderungen des Herzmuskels hervorrufen und die natürliche Abnutzung der Blutgefäße beschleunigen, Aderwandstarre erzeugen.

Die krankhaft erhöhte Reizbarkeit und Erschöpfbarkeit des Nervensystems, welche wir als Nervosität oder Neurasthenie bezeichnen, ist für die Entwicklung der Aderwandstarre nicht ohne Bedeutung. Jedermann weiß aber, in wie hohem Grade das Auftreten der Neurasthenie durch eine unzweckmäßige Lebensführung gefördert oder direkt hervorgerufen werden kann. Die häufigen und abnorm starken Nervenerregungen, welche wir bei solchen Kranken finden, teilen sich auch den Blutgefäßnerven mit, und es scheint hierdurch jene Störung in der Ernährung der Blutgefäßwandungen begünstigt zu werden, welche schließlich zur Aderwandstarre führt.

Umgekehrt ist sattsam bekannt, wie ein freudiges Ereignis, ein gehabter Erfolg die Kräfte heben und Körper und Geist einen größeren Schwung geben kann und wie die vegetativen Funktionen des Leibes, ich denke zuerst an die Verdauungsorgane, unter diesen Umständen eine vermehrte Steigerung ihrer Leistung erfahren! Schon in den Sprüchen Salomonis heißt es: „Ein fröhlich Herz macht das Leben lustig, aber ein betrübter Mut vertrocknet das Gebein!" Und Jesus Sirach sagt: „Tue dir Gutes und tröste dein Herz und treibe Traurigkeit ferne von dir, denn Traurigkeit tötet viele Leute und dienet doch nirgend zu; Eifer und Zorn verkürzen das Leben, und Sorge macht alt vor der Zeit; einem fröhlichen Herzen aber schmeckt alles wohl, was es isset."

Die innere Ruhe und Stetigkeit wirkt erhaltend auf den Körper. Wer alt werden und dabei körperlich und geistig gesund bleiben will, sollte nach diesem Gefühl der Befriedigung streben, welches nur die Pflichterfüllung im weitesten Sinne des Wortes gibt.

Dazu hilft nicht zum wenigsten die Selbstzucht, die Unterjochung unserer Leidenschaften! So viele Menschen sind die Sklaven ihres Ehrgeizes und hasten ihr Leben lang nach der Befriedigung desselben um den Einsatz eines glücklichen Alters. Sie opfern ihre Gesundheit und ernten Kummer, Krankheit und frühen Tod! Aber die Unrast verzehrt und führt vor der Zeit ins Grab! Ganz treffend sagt der Volkswitz: „Mensch ärgere dich nicht!" Und O. E. Hartleben mahnt: „Mensch raste, überhaste nie, sonst hast du die Neurasthenie!" Schade nur, daß es oftmals doch recht schwer fällt, diesen weisen Lehren zu folgen! Das sind übrigens keine Errungenschaften der Neuzeit! Schon Hufeland klagt in seiner „Makrobiotik" im Jahre 1796 über die unglückliche Vielgeschäftigkeit, die sich eines großen Teils der menschlichen Gesellschaft bemächtigt habe und an ihrem Lebensmark zehre. Und diese Klage geht steigend bis auf den heutigen Tag weiter.

Wie alles in der Welt, so ist auch ein hohes Alter nicht ohne ein gewisses Entgelt zu erreichen. Wer vom Schicksal ein hohes Alter verlangt, dabei aber nicht ein halbes, sondern womöglich ein ganzes Leben ohne Rücksicht auf seine Gesundheit dahin stürmen will, der gleicht den Patienten, die zum Arzt gehen und verlangen, daß sie auf 4 Wochen Badekur hin die anderen 48 Wochen des Jahres ungestraft sündigen können. Ohne eine gewisse Entsagung — oder was die Welt Entsagung nennt — in körperlicher und geistiger Hinsicht ist ein gesundes Alter doch nur wenigen Auserwählten gegönnt worden. Ich betone: ein gesundes Alter. Denn wie schon anfangs gesagt, wir wollen nicht als alte Leute zum Kinderspott dienen, sondern wollen regen Anteil nehmen bis zum letzten Augenblick unseres Daseins an den Schönheiten, den Freuden und Kümmernissen dieser Welt. Wir wollen ein offenes Herz behalten für alles Große und Gute, für alles, was unsere Mitmenschen erhebt, bewegt und bedrängt. Wir wollen nicht in Mißmut darüber, daß wir selbst alt werden, in Selbstsucht erstarren. Wie unser großer Dichter, der selbst ein wunderbares Alter erreicht hat, so schön gesagt hat:

„Soll dich das Alter nicht verneinen,
„So mußt du's gut mit andern meinen,
„Mußt viele fördern, manchem nützen,
„Das wird dich vor Vernichtung schützen!"

Das alles ist nichts Neues. Es sind in der Tat alte, ewige Wahrheiten, die auf der Straße liegen und die sich gleichmäßig nur mit etwas anderen Worten bei all den zahlreichen Schriftstellern wiederfinden, die sich mit „der Kunst, das Leben zu verlängern", beschäftigt haben. Leider achtet man gewöhnlich das nicht, was man am nächsten und leichtesten haben kann, und so pflegt auch die ungeheure Mehrzahl der Menschen an diesen so billigen Mitteln achtlos vorüberzugehen! Wer sie am eifrigsten benutzt, wird am besten fahren, und die Kunst, alt zu werden, an sich selbst erproben und bewahrheiten.

www.ingramcontent.com/pod-product-compliance
Lightning Source LLC
LaVergne TN
LVHW010647300926
849161LV00005B/1053
*9783486732405*